I0425585